Piano

AF285797

Uwe Korn

Old Mac Donald spielt Klavier

Die schönsten Volks- und Kinderlieder
leicht gesetzt für Klavier

ED 20452
ISMN 979-0-001-15367-6
ISBN 978-3-7957-0643-2

www.schott-music.com

Mainz · London · Madrid · Paris · New York · Tokyo · Beijing

4. Auflage 2020

Bestellnummer: ED 20452
ISMN 979-0-001-15367-6
ISBN 978-3-7957-0643-2

Cover-Illustration: Leopé
Illustrationen der Kapiteldeckblätter: Linda Krieg
© 2009/2020 Schott Music GmbH & Co. KG, Mainz
Printed in Germany · BSS 52997

www.schott-music.com

Inhalt

Vorwort

Wer hat nicht schon mal überlegt,
dass die Musik die Welt bewegt,
dass Lieder, lustig oder traurig,
manchmal lieblich, manchmal schaurig,
kurz: dass Lieder dieser Erde
die gesamte Menschenherde
erst zu echten Menschen machen,
und, das ist jetzt nicht zum Lachen:
Ohne Lieder hätt' das Leben
Wenig Freude abzugeben.

Damit man Lieder nicht nur singe,
sondern das Klavier erklinge,
hat man dieses Heft gemacht.
Darin stehn in voller Pracht,
einfach nach der Art sortiert,
für's Piano arrangiert,
Lieder ganz verschiedner Sorte,
spielbar mit und ohne Worte.
Wem's gefallen, spielt's von vorn.
Viel Vergnügen!

Uwe Korn

Lieder für Feste und Feiern

Danke für diesen guten Morgen

Text und Musik:
Martin Gotthard Schneider

1. Dan-ke für die-sen gu-ten Mor-gen, dan-ke, für je-den neu-en Tag.

Dan-ke, dass ich all mei-ne Sor-gen auf dich wer-fen mag.

2.

Danke für alle guten Freunde, danke, o Herr, für jedermann.
Danke, wenn auch dem größten Feinde ich verzeihen kann.

3.

Danke für meine Arbeitsstelle, danke für jedes kleine Glück.
Danke für alles Frohe, Helle und für die Musik

4.

Danke für manche Traurigkeiten, danke für jedes gute Wort.
Danke, dass deine Hand mich leiten will an jedem Ort.

5.

Danke, dass ich dein Wort verstehe, danke, dass deinen Geist du gibst.
Danke, dass in der Fern und Nähe du die Menschen liebst.

6.

Danke, dein Heil kennt keine Schranken, danke, ich halt mich fest daran.
Danke, ach Herr, ich will dir danken, dass ich danken kann.

Geburtstagslied

Zwei Kindergärtnerinnen aus Kentucky schrieben dieses Lied
als Begrüßungslied „Good morning to all". In Deutschland wird es
meist mit dem Text „Zum Geburtstag viel Glück" gesungen.

Wie schön, dass du geboren bist

Text und Musik: Rolf Zuckowski

1. Heu-te kann es reg-nen, stür-men o-der schnei'n, denn du strahlst ja sel-ber

wie der Son-nen-schein. Heut ist dein Ge-burts-tag, da-rum fei-ern wir, al-le dei-ne Freun-de

freu-en sich mit dir, al-le dei-ne Freun-de freu-en sich mit dir. Wie schön, dass du ge-

-bo-ren bist, wir hät-ten dich sonst sehr ver-misst, wie schön, dass wir bei-

-sam-men sind, wir gra-tu-lie-ren dir, Ge-burts-tags-kind! Wie kind!

2.
Uns're guten Wünsche
haben ihren Grund:
Bitte bleib noch lange
glücklich und gesund.
Dich so froh zu sehen,
ist was uns gefällt,
Tränen gibt es schon
genug auf dieser Welt.
Tränen gibt es schon
genug auf dieser Welt.

Refrain:
Wie schön, dass du geboren bist,

3.
Montag, Dienstag, Mittwoch,
das ist ganz egal,
dein Geburtstag kommt im Jahr
doch nur einmal.
Darum lass uns feiern,
dass die Schwarte kracht,
heute wird getanzt,
gesungen und gelacht,
heute wird getanzt,
gesungen und gelacht.

Refrain:
Wie schön, dass du geboren bist,

Jingle Bells

Text und Musik: James Pierpont

Jin - gle bells,   jin - gle bells,   jin - gle all the way.

Oh what fun it is to ride in a one horse o - pen sleigh, hey!

Jin - gle bells,   jin - gle bells,   jin - gle all the way.

Oh what fun it is to ride in a one horse o - pen sleigh!

Spaßlieder

Hey, Pippi Langstrumpf

Musik: Jan Johansson / Konrad Elfers
Text: Wolfgang Franke

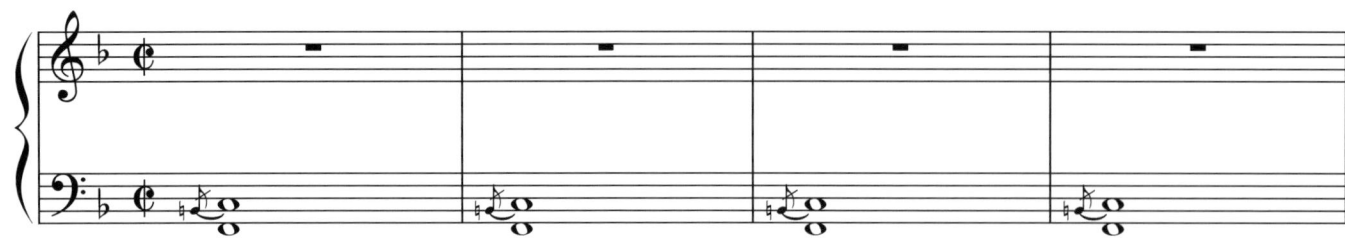

1. Zwei mal drei macht vier, wid-de-wid-de – witt und drei macht neu - ne.

Ich mach mir die Welt wid-de-wid-de wie sie mir ge - fällt.

Hey, Pip-pi Lang - strumpf, tra - la - la, tra-la-li, tra-la- hopp-sa-sa,

hey, Pip - pi Lang - strumpf, die macht, was ihr ge - fällt. Ich

hab' ein Haus, ein kun - ter - bun - tes Haus, ein
Haus, ein Äff - chen und ein Pferd, und

Äff - chen und ein Pferd, die schau - en dort zum
je - der, der uns mag, kriegt un - ser Ein - mal -

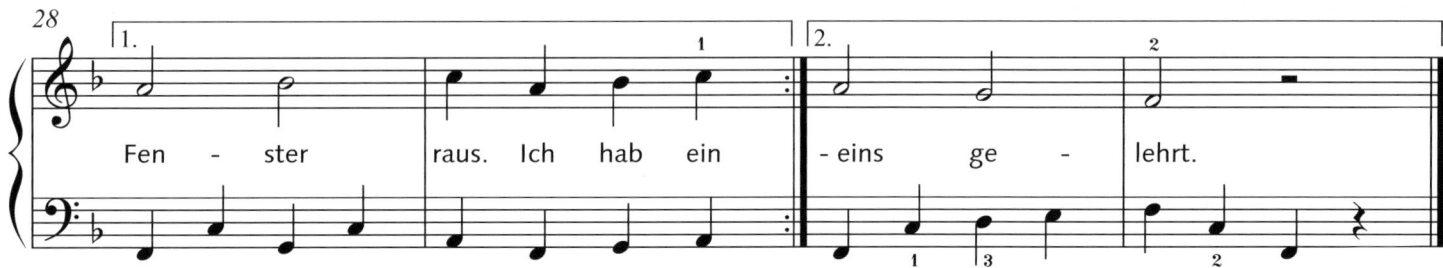

Fen - ster raus. Ich hab ein - eins ge - lehrt.

2.
3x3 macht 6,
widdewidde wer will's von mir lernen?
Alle groß und klein, trallalala lad' ich zu mir ein.

Refrain

Drei Chinesen
mit dem Kontrabass

Volkslied

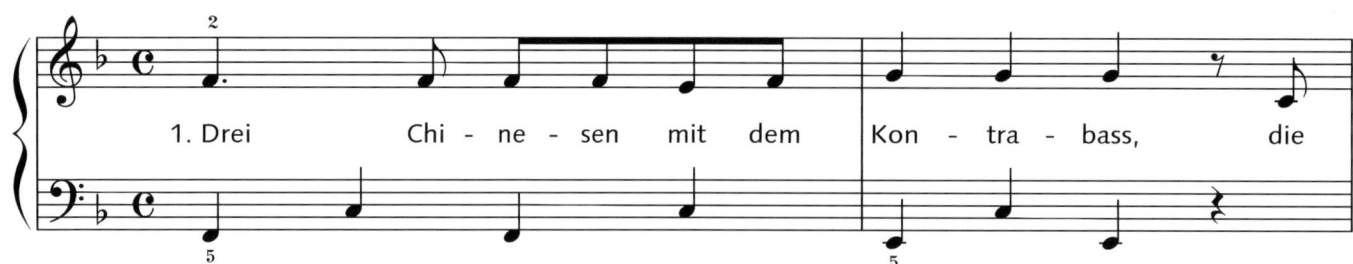

1. Drei Chi - ne - sen mit dem Kon - tra - bass, die

sa - ßen auf der Stra - ße und er - zähl - ten sich was. Da kam die Po - li - zei, ja was

ist denn das? Drei Chi - ne - sen mit dem Kon - tra - bass!

2.
Dra Chanasan mat dam Kantrabass
saßan af dar Straßa and arzahltan sach was.
Da kam da Palaza, ja, was ast dann das?
Dra Chanasan mat dam Kantrabass.

3.
Dre Chenesen met dem Kentrebess ...

4.
Dri Chinisin mit dim Kintribiss ...

5.
Dro Chonoson mot dorn Kontroboss ...

6.
Dru Chunusun mut dum Kuntrubuss ...

Dieses Lied mit dem lustigen Unsinnstext ist ein junges Volkslied,
das sich erst im zwanzigsten Jahrhundert verbreitet hat.
Die erste Strophe wird noch „normal" gesungen, ab der zweiten Strophe
werden dann alle Vokale durch einen einzigen ersetzt.
Noch lustiger wird es, wenn man Umlaute (ä, ö, ü) oder Doppellaute
(ei, ou, ...) verwendet.

Auf der Mauer, auf der Lauer

Volkslied

1. Auf der Mau - er, auf der Lau - er sitzt 'ne klei - ne Wan - ze.

Auf der Mau - er, auf der Lau - er sitzt 'ne klei - ne Wan - ze.

Sieh dir mal die Wan - ze an, wie die Wan - ze tan - zen kann!

Auf der Mau - er, auf der Lau - er sitzt 'ne klei - ne Wan - ze.

2.
Auf der Mauer, auf der Lauer
sitzt 'ne kleine Wanz.
Seht euch nur die Wanz an,
wie die Wanz tanz kann!

3.
Auf der Mauer, auf der Lauer
sitzt 'ne kleine Wan.
Seht euch nur die Wan an,
wie die Wan tan kann!

4.
Auf der Mauer, auf der Lauer
sitzt 'ne kleine Wa.
Seht euch nur die Wa an,
wie die Wa ta kann!

5.
Auf der Mauer, auf der Lauer
sitzt 'ne kleine W.
Seht euch nur die W an,
wie die W t kann!

6.
Auf der Mauer, auf der Lauer
Sitzt 'ne kleine –.
Seht euch nur die – an,
wie die – – kann!

In jeder Strophe werden die Wörter „Wanze" und „tanzen" um einen Buchstaben verkürzt.
Wenn schließlich kein Buchstabe mehr übrig ist, muss man statt des Wortes eine Pause machen.
Zum Schluß wird nochmal die erste Strophe gesungen.

Meine Tante aus Marokko

Volkslied

Refrain: Singing ja ja jippie, jippie yeah, hipp, hopp ...

2.
Und sie kommt auf zwei Kamelen, wenn sie kommt, hoppeldihopp.
Und sie kommt auf zwei Kamelen, wenn sie kommt, hoppeldihopp.
Und sie kommt auf zwei Kamelen, und sie kommt auf zwei Kamelen,
und sie kommt auf zwei Kamelen, wenn sie kommt, hoppeldihopp.

Refrain: Singing ja ja ...

3.

Und sie schießt mit zwei Pistolen, wenn sie kommt, piff, paff ...

4.

Und dann trinken wir 'ne Flasche, wenn sie kommt, gluck, gluck ...

5.

Und dann essen wir 'ne Torte, wenn sie kommt, schmatz, schmatz ...

6.

Und dann schrubben wir die Bude, wenn sie kommt, schrubb, schrubb.

7.

Und dann kommt ein Telegramm, dass sie nicht kommt, oh weh ...

8.

Und dann kommt ein Telegramm, dass sie doch kommt, juchee.

Die Wörter am Ende der Liedzeilen muss man jeweils mit lustigen Bewegungen „verdeutlichen“:

Hipp, hopp:	Auf Hipp mit dem rechten Daumen über die rechte Schulter, auf Hopp mit dem linken Daumen über die linke Schulter zeigen.
Hoppeldihopp:	Mit den Füßen trampeln.
Piff, paff:	Mit den Fingern in die Luft schießen.
Gluck, gluck:	So tun, als trinke man aus einer Flasche.
Schmatz, schmatz:	Sich auf den Bauch klopfen.
Schrubb, schrubb:	Bodenputzbewegung.
Oh weh:	Sich Tränen aus den Augen reiben.
Juchee:	Jubelnd die Arme nach oben strecken.

Dieses ursprünglich amerikanische Volkslied ist in Deutschland auch unter dem Titel „Von den blauen Bergen kommen wir“ bekannt.

Der Cowboy Jim aus Texas

Text und Musik: Fredrik Vahle

1. Der Cow-boy Jim aus Te - xas, der tags auf sei - nem Pferd saß, hat

ei - nen Hut aus Stroh und da - rin saß ein Floh. Jip - pi -

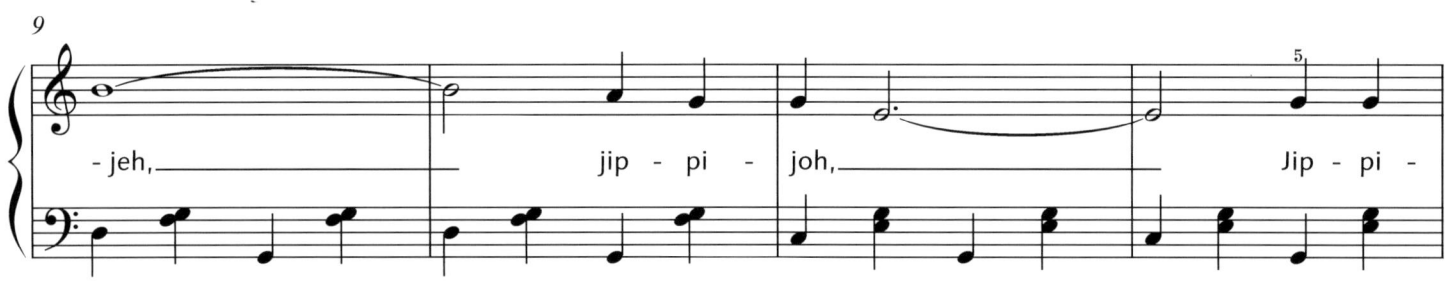

- jeh, jip - pi - joh, Jip - pi -

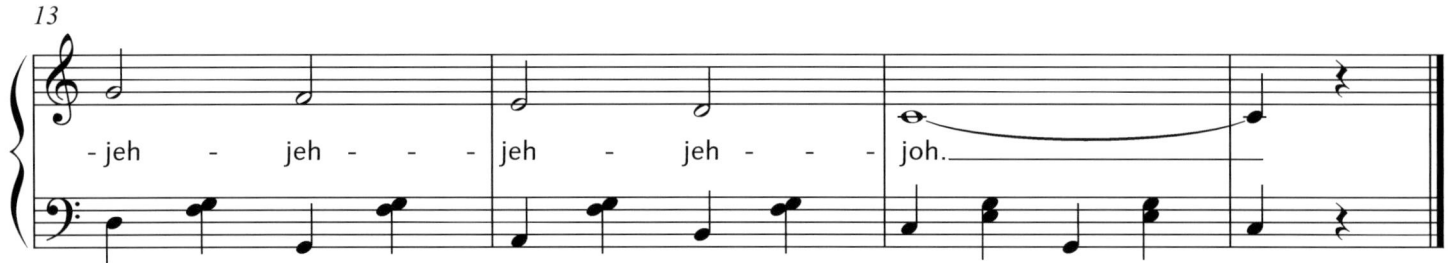

- jeh - jeh - - jeh - jeh - - joh.

2.

Der Floh tat Jim begleiten, er hatte Spaß am Reiten,
und ging der Jim aufs Klo, dann tat das auch sein Floh.
Jippijeh, Jippijoh, Jippijeh-jeh-jeh-jeh-joh.

3.

Der Jim er hat viel Mühe, er hütet 100 Kühe,
da kommt er oft in Schweiß und ruft „ach was'n Scheiß".
Jippijeh, Jippijoh, Jippijeh-jeh-jeh-jeh-joh.

4.

Am Tschikitschoba-See ruft Jim sein Jippijeh,
doch einst am Lagerfeuer, da war's ihm nicht geheuer.
Jippijeh, Jippijoh, Jippijeh-jeh-jeh-jeh-joh.

5.

Im ersten Morgengrauen, da wollt man Jim verhauen,
man schlich zu Jimmy fix, der schlief und merkte nix.
Jippijeh, Jippijoh, Jippijeh-jeh-jeh-jeh-joh.

6.

Der Floh der hört es trappeln, tat sich auch gleich berappeln
und stach als echter Floh dem Cowboy in den Po.
Jippijeh, Jippijoh, Jippijeh-jeh-jeh-jeh-joh.

7.

Der Jim sprang auf und fluchte, als er das Weite suchte,
so war's nix mit Verhauen im ersten Morgengrauen.
Jippijeh, Jippijoh, Jippijeh-jeh-jeh-jeh-joh.

8.

Der Cowboy Jim aus Texas sitzt oft bei seiner Oma,
und beide schaun sich dann im Fernsehn Filme an.
Jippijeh, Jippijoh, Jippijeh-jeh-jeh-jeh-joh.

Mein Hut, der hat drei Ecken

Volkslied
Musik: Julius Benedict

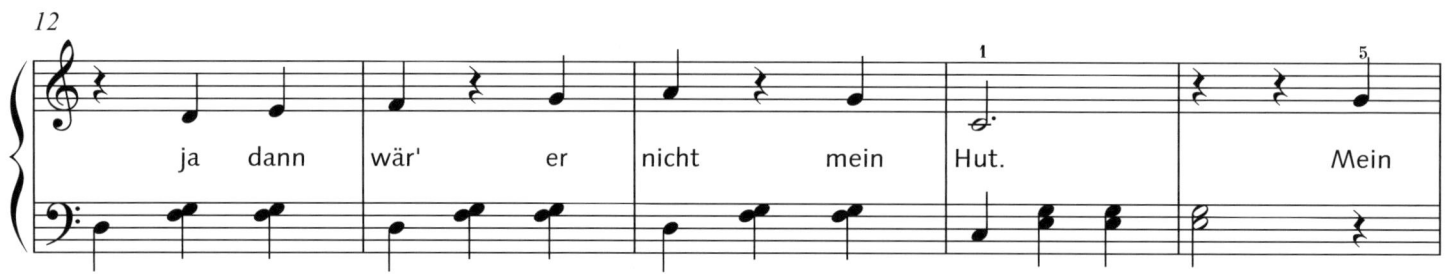

22

Folgende Wörter in diesem Lied müssen durch Bewegungen untermalt werden:

Mein: Mit dem Zeigefinger auf sich selbst zeigen.
Hut: Eine Bewegung machen, als würde man den Hut ziehen.
Drei: Drei Finger einer Hand hochhalten.
Ecken: Sich an den Ellenbogen fassen.
Nicht: Den Kopf schütteln.

Bei jeder Strophe wird ein weiteres dieser Wörter ausgelassen, statt des Wortes darf man nur
die Bewegung machen. Wer das Wort versehentlich singt, muss ausscheiden.

If You're Happy

Volkslied

Das Lied sagt: Wenn du glücklich bist, und es auch weißt, dann klatsch in die Hände (clap your hands), was man dann auch tun soll bei den x-Noten. In den weiteren Strophen kann man „clap your hands" ersetzten durch „stomp your feet" (stampf mit dem Fuß), „shout hurray" (schrei hurra), „try to smile" (versuch zu lächeln) oder andere, selbst erfundene Variationen.

Jahreszeitenlieder

Es tönen die Lieder

Volkslied

Es tö - nen die Lie - der, der Früh - ling kehrt wie - der, es

spie - let__ der__ Hir - te auf sei - ner__ Schal - mei: la

la - la - la - la - la - la la - la, la la - la - la - la - la - la - la.

Eine Schalmei ist ein altes Holzblasinstrument, aus dem später die Oboe entwickelt wurde.

I Like The Flowers

Volkslied

Alle Vögel sind schon da

Hoffmann von Fallersleben
Melodie aus dem 15. Jahrhundert

1. Al - le Vö - gel sind schon da, al - le Vö - gel, al - le.

Welch ein Sin - gen, Mu - si - ziern, Pfei - fen, Zwit - schern, Ti - ri - liern.

Früh - ling soll nun ein - mar - schiern, kommt mit Sang und Schal - le.

2.
Wie sie alle lustig sind,
Flink und froh sich regen.
Amsel, Drossel, Fink und Star
und die ganze Vogelschar
wünschen uns ein frohes Jahr,
lauter Heil und Segen.

3.
Was sie uns verkünden nun,
nehmen wir zu Herzen:
Wir auch wollen lustig sein,
lustig wie die Vögelein
hier und dort, feldaus, feldein,
singen, springen, scherzen.

Lachend, lachend, lachend

Text und Musik: Cesar Bresgen

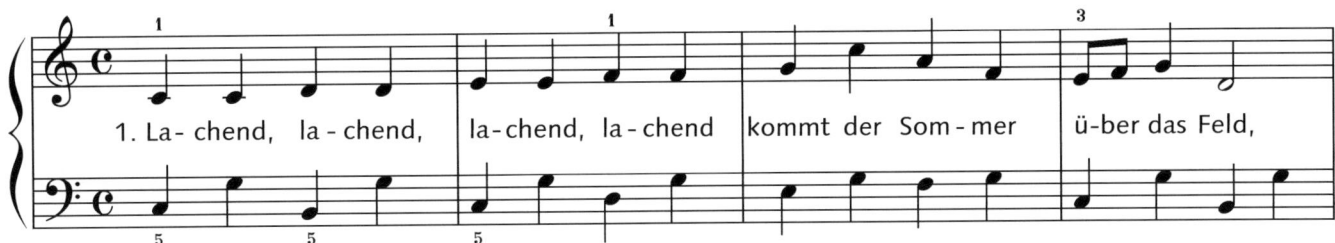

1. La- chend, la- chend, la- chend, la- chend kommt der Som - mer ü-ber das Feld,

ü - ber das___ Feld kommt er la - chend, ha ha ha, la - chend ü - ber das Feld.

Summ, summ, summ

Text: Hoffmann von Fallersleben
Volksweise aus Böhmen

2.
Summ, summ, summ!
Bienchen summ herum!
Such in Blüten, such in Blümchen
dir ein Tröpfchen, dir ein Krümchen
Summ, summ, summ!
Bienchen summ herum!

3.
Summ, summ, summ!
Bienchen summ herum!
Kehre heim mit reicher Habe,
bau uns manche volle Wabe,
Summ, summ, summ!
Bienchen summ herum!

Trarira, der Sommer, der ist da

Volkslied aus der Pfalz

1. Tra - ri - ra, der Som - mer, der ist da! Wir
woll'n raus in den Gar - ten und auf den Som - mer war - ten.
Ja, ja, ja, der Som - mer, der ist da!

© 2009 Schott Music GmbH & Co. KG, Mainz

2.
Trarira, der Sommer, der ist da!
Trarira, der Sommer, der ist da!
Wir wollen zu den Hecken
und woll'n den Sommer wecken.
Ja, ja, ja, der Sommer, der ist da!

3.
Trarira, der Sommer, der ist da!
Trarira, der Sommer, der ist da!
Der Sommer hat gewonnen,
der Winter hat verloren.
Ja, ja, ja, der Sommer, der ist da!

He-jo, spann den Wagen an

Volkslied

He - jo, spann den Wa - gen an, denn der Wind treibt

Re-gen ü-bers Land. Holt die gold-nen Gar-ben, holt die gold-nen Gar - ben!_ He - jo,

spann den Wa-gen an, denn der Wind treibt Re-gen ü - bers Land.

Holt die gold-nen Gar - ben, holt die gold-nen Gar - ben!_ He - jo - heh!

Früher hat man das Getreide mit der Sense geschnitten und zu Bündeln,
den so genannten Garben zusammengeschnürt. Mehrere Garben wurden
auf dem Feld zum Trocknen aneinander gestellt.
Nach dem Trocknen hat man die Garben dann mit dem Wagen abgeholt.

Bunt sind schon die Wälder

Musik: Johann Friedrich Reichardt
Text: Johann Gaudenz von Salis-Seewis

1. Bunt sind schon die Wäl - der, gelb die Stop - pel -

- fel - der, und der Herbst be - ginnt.

Ro - te Blät - ter fal - len, grau - e Ne - bel

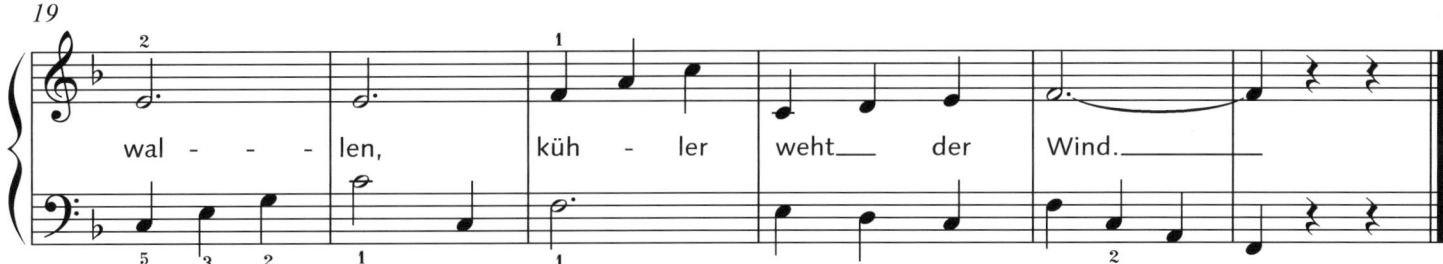

wal - len, küh - ler weht der Wind.

2.
Wie die volle Traube
aus dem Rebenlaube
purpurfarbig strahlt.
Am Geländer reifen
Pfirsiche mit Streifen
rot und weiß bemalt.

3.
Flinke Träger springen
und die Mädchen singen.
Alles jubelt froh.
Bunte Bänder schweben
zwischen hohen Reben
auf dem Hut von Stroh.

4.
Geige tönt und Flöte
bei der Abendröte
und im Mondesglanz.
Junge Winzerinnen
winken und beginnen
frohen Erntetanz.

Der Bratapfel

Text: volkstümlich aus Bayern
Melodie: Klaus Neuhaus

1. Kin- der kommt und ra - tet, was im O - fen bra - tet! Hört, wie's knallt und zischt. Bald wird auf - ge - tischt, der Zip - fel, der Zap - fel, der Kip - fel, der Kap - fel, der gelb - ro - te Ap - fel.

2.
Kinder, laufet schneller,
holt euch euren Teller,
holt euch eine Gabel!
Und sperrt auf den Schnabel,
für den Zipfel, den Zapfel,
den Kipfel, den Kapfel
den goldbraunen Apfel.

3.
Wie sie pusten, wie sie prusten,
wie sie gucken, wie sie schlucken,
wie es schnalzt und schmeckt,
ein jeder leckt und schleckt
den Zipfel, den Zapfel,
den Kipfel, den Kapfel
den knusprigen Apfel.

Das Laub fällt von den Bäumen

Volkslied
Text: Siegfried August Mahlmann

1. Das Laub fällt von den Bäu - men, das zar - te

Som - mer - laub. Das Le - ben mit sei - nen

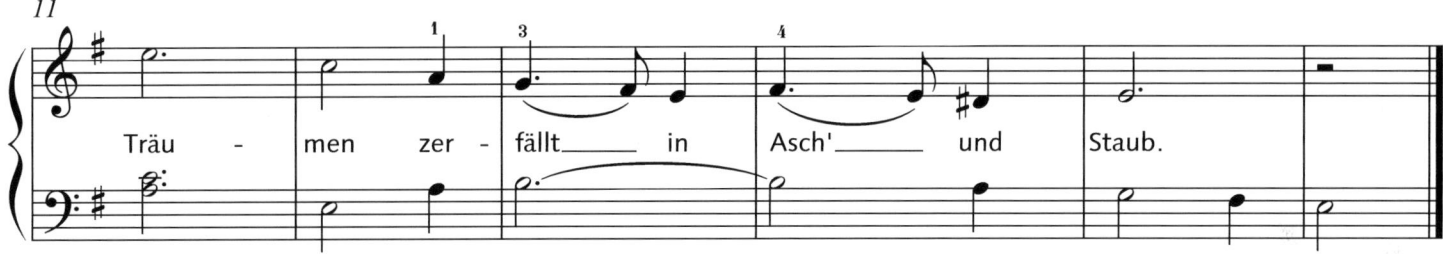

Träu - men zer - fällt in Asch' und Staub.

2.

Die Vöglein traulich sangen, wie schweigt der Wald jetzt still!
Die Lieb' ist fortgegangen, kein Vöglein singen will.

3.

Die Liebe kehrt wohl wieder im künft'gen lieben Jahr,
und alles tönt dann wieder, was hier verklungen war.

4.

Der Winter sei willkommen, sein Kleid ist rein und neu.
Den Schmuck hat er genommen, den Keim bewahrt er treu.

Leise rieselt der Schnee

Text und Musik: Eduard Ebel

2.
In den Herzen wird's warm,
still schweigt Kummer und Harm,
Sorge des Lebens verhallt:
Freue dich, Christkind kommt bald!

3.
Bald ist heilige Nacht,
Chor der Engel erwacht,
hört nur wie lieblich es schallt:
Freue dich, Christkind kommt bald!

Schneeflöckchen, Weißröckchen

Volkslied

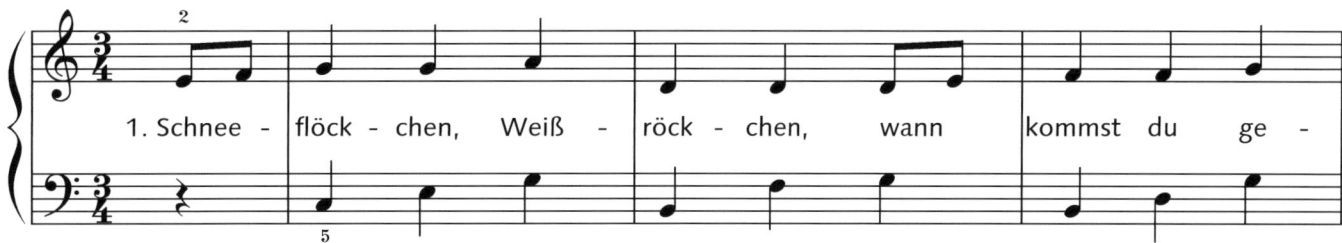

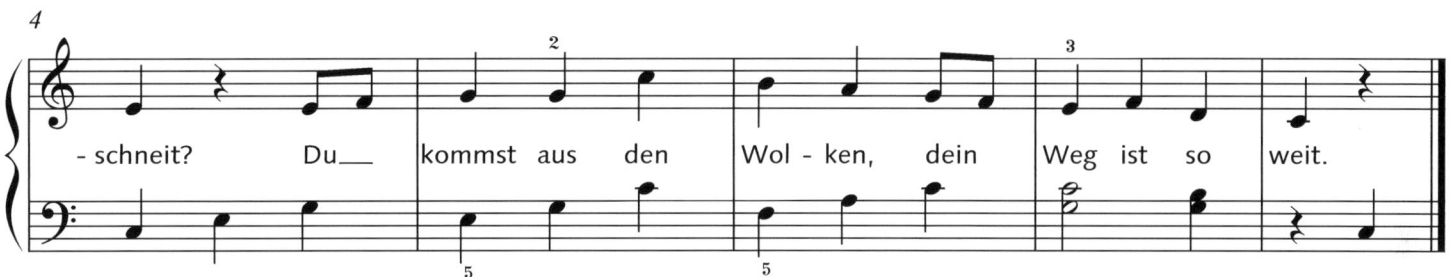

2.

Komm setz dich ans Fenster, du lieblicher Stern
malst Blumen und Blätter, wir haben dich gern.

3.

Schneeflöckchen, du deckst uns die Blümelein zu.
Da schlafen sie sicher in himmlischer Ruh.

4.

Schneeflöckchen, Weißröckchen, wie glitzerst du fein.
Du kannst gar ein Sternlein am Weihnachtsbaum sein.

Es ist für uns
eine Zeit angekommen

Volkslied

1. Es ist für uns ei-ne Zeit an-ge-kom-men, es ist für uns ei-ne gro - ße Gnad'. Es ist für uns ei-ne Zeit an-ge-kom-men, es ist für uns ei-ne gro - ße Gnad'. Un-ser Hei - land Je - sus___ Christ, der für uns, der für uns, der für uns Mensch ge - wor - den ist.

2.
Es schlafen Bächlein und See unterm Eise,
es träumt der Wald einen tiefen Traum.
Es schlafen Bächlein und See unterm Eise,
es träumt der Wald einen tiefen Traum.
Durch den Schnee, der leise fällt, wandern wir,
wandern wir durch die weite, weiße Welt.

3.
Am hohen Himmel ein leuchtendes Schweigen
erfüllt die Herzen mit Seligkeit.
Am hohen Himmel ein leuchtendes Schweigen
erfüllt die Herzen mit Seligkeit.
Unterm sternbeglänzten Zelt wandern wir,
wandern wir durch die weite, weiße Welt.

Morgen- und Abendlieder

Viel Glück und viel Segen

Text und Musik: Werner Gneist

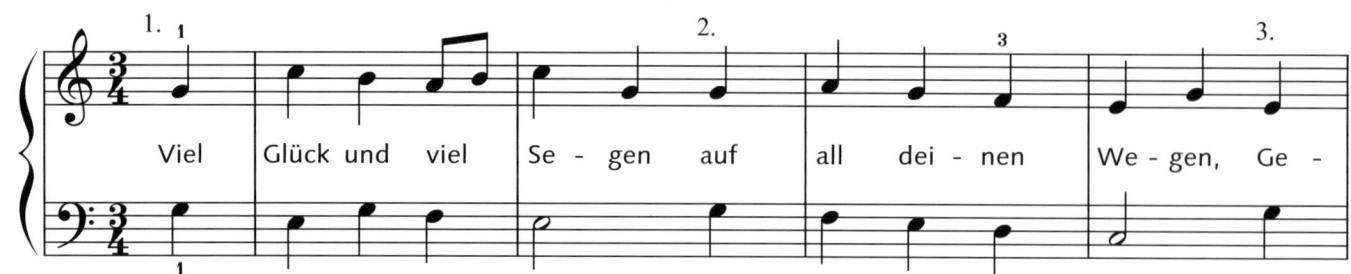

Viel Glück und viel Se - gen auf all dei - nen We - gen, Ge -

- sund - heit und Wohl - stand sei auch___ mit da - bei.

Dieses Geburtstagslied kann man auch als Kanon singen. Unter Kanon versteht man eine musikalische Form, bei der die Stimmen zeitversetzt beginnen. Die Einsätze der Stimmen sind über den Noten angegeben.

Der Mond ist aufgegangen

Text: Matthias Claudius
Musik: Johann Abraham Peter Schulz

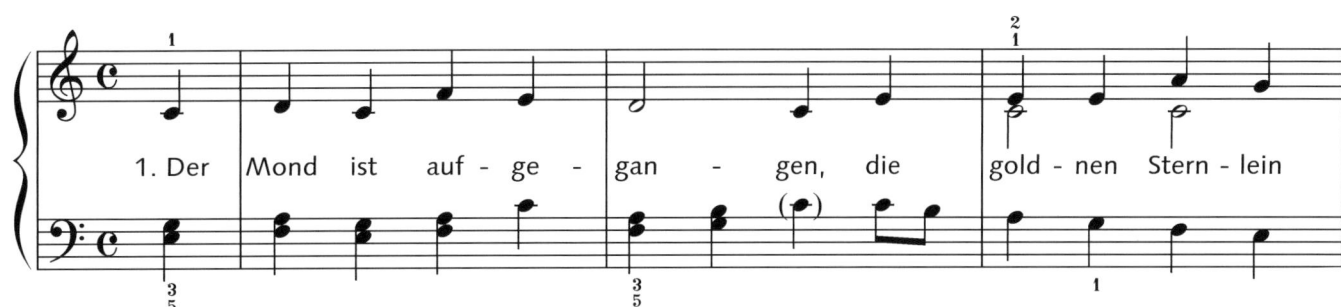

2.
Wie ist die Welt so stille,
und in der Dämmerung Hülle
so traulich und so hold.
Gleich einer stillen Kammer,
wo ihr des Tages Jammer
verschlafen und vergessen sollt.

3.
Seht ihr den Mond dort stehen,
er ist nur halb zu sehen,
und ist doch rund und schön.
So sind wohl manche Sachen,
die wir getrost verlachen,
weil uns're Augen sie nicht seh'n.

Weißt du,
wie viel Sternlein stehen

Text: Wilhelm Hey – Volkslied

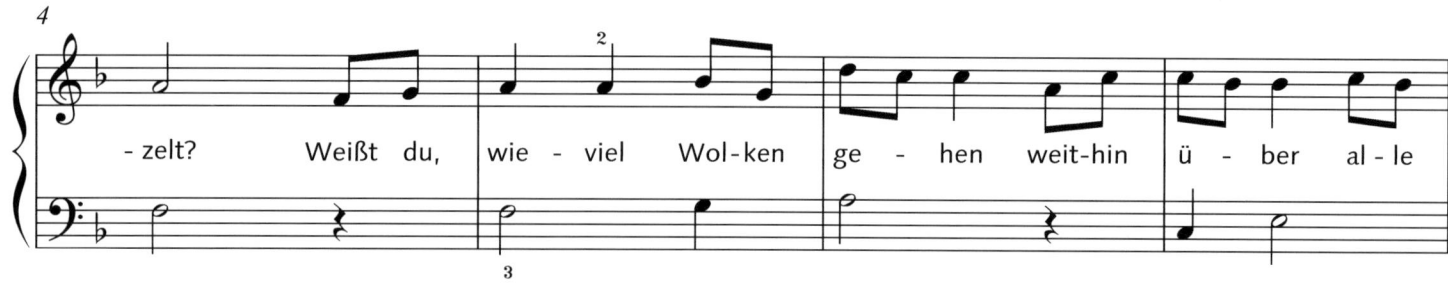

2.
Weißt du, wie viel Mücklein spielen in der heißen Sonnenglut,
wie viel Fischlein auch sich kühlen in der hellen Wasserflut?
Gott, der Herr, rief sie beim Namen, dass sie all ins Leben kamen,
dass sie nun so fröhlich sind, dass sie nun so fröhlich sind.

3.
Weißt du, wie viel Kindlein frühe stehn aus ihren Betten auf,
dass sie ohne Sorg und Mühe fröhlich sind im Tageslauf?
Gott im Himmel hat an allen seine Lust, sein Wohlgefallen,
kennt auch dich und hat dich lieb, kennt auch dich und hat dich lieb.

La-le-lu

Text und Musik: Heino Gaze

La - le - lu, nur der Mann im Mond schaut zu, wenn die klei - nen
Ba - bies schla - fen, drum schlaf auch du.
La - le - lu, vor dem Bett - chen steh'n zwei Schuh', und die sind ge -
- nau - so mü - de, geh'n jetzt zur Ruh'.

Dieses Lied stammt aus dem Film „Wenn der Vater mit dem Sohne".
Der Vater (gespielt von Heinz Rühmann) singt das Lied jeden Abend
als „Gute-Nacht-Lied" für seinen Sohn.

Lieder aus aller Welt

Bruder Jakob (Frère Jacques)

Französisches Volkslied

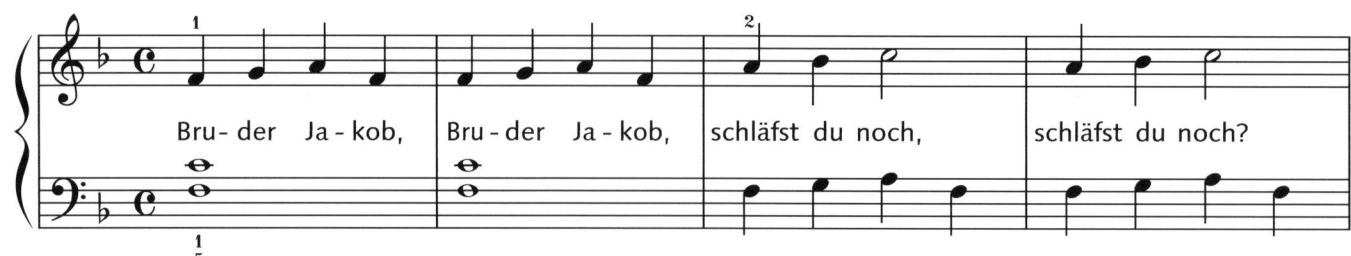

Bru- der Ja - kob, Bru- der Ja - kob, schläfst du noch, schläfst du noch?

Hörst du nicht die Glo - cken, hörst du nicht die Glo - cken? Ding dang dong, ding dang dong.

Der französische Text lautet so:

Frère Jacques, Frère Jacques,
dormez vous, dormez vous?
Sonnez les matines, sonnez les matines!
ding, daing, dong, ding, daing, dong.

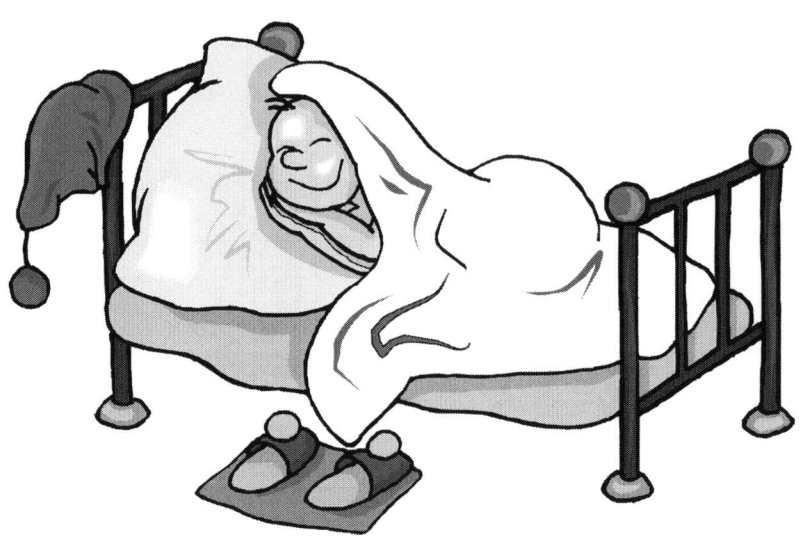

Kalinka

Russisches Volkslied

Ka - lin - ka, ma - lin - ka, ma - lin - ka ma - ja. Wsa - du ja - ga - da ma - lin - ka, ma - lin - ka ma - ja! Ach! Ka - ja Ach!

Pad sas - no - ju pad sje - lje - no - ju spat' pa - la - shy - tje wy mje - nja; ai, lju - li, lju - li,

ai, lju - li, lju - li, spat' pa - la - shy - tje wy mje - nja.

„Kalinka" ist die russische Bezeichnung für den Schneeballstrauch, „Malinka" bedeutet „Himbeere".
In diesem in aller Welt bekannten Lied geht es aber auch um die Liebe.

Auld Lang Syne (Schottland)

Text: Robert Burns
Melodie aus Schottland

1. Should old ac-quain-tance be for-got and ne - ver brought to mind? Should

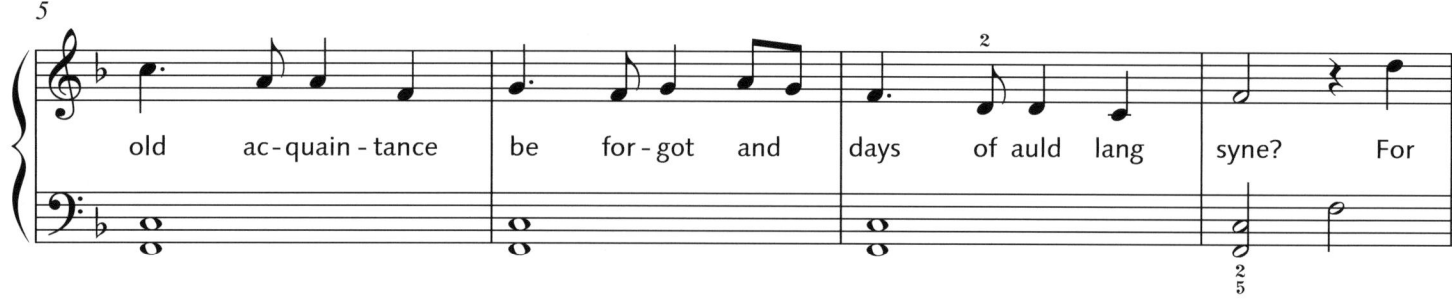

old ac-quain-tance be for-got and days of auld lang syne? For

auld___ lang___ syne, my dear, for auld___ lang___ syne, we'll

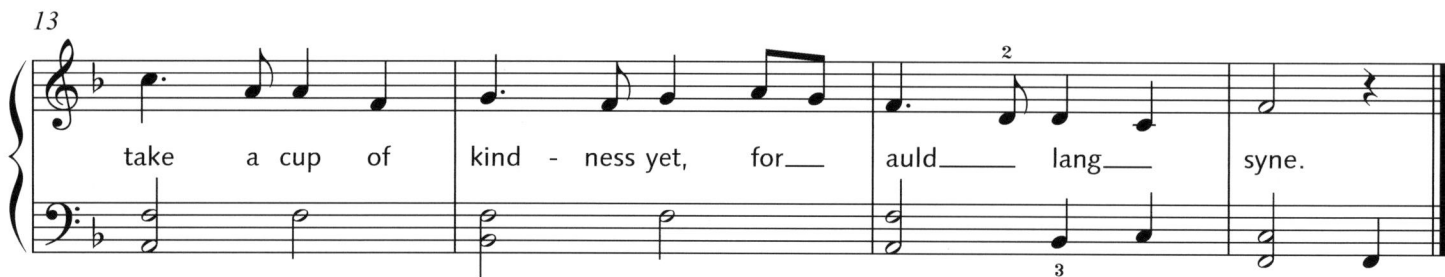

take a cup of kind - ness yet, for___ auld___ lang___ syne.

2.
And there's a hand, my trusty friend,
and gie's a hand o'thine,
we'll take a cup of kindness yet
for sake of auld lang syne.
For auld lang syne, my dear,
for auld lang syne,
we'll take a cup of kindness yet,
for auld lang syne.

Dieses bekannte schottische Lied wurde ursprünglich zum Jahresende (Silvester) gesungen, um der im Laufe des Jahres Verstorbenen zu gedenken. Heute gibt es in vielen Sprachen eigene Textfassungen. Meist wird es als Abschiedslied gesungen. Im schottischen Text geht es darum, dass man alte Freundschaft nicht vergessen soll und wegen zurückliegender Zeiten freundlich zueinander sein soll.

Old Mac Donald

Englisches Volkslied

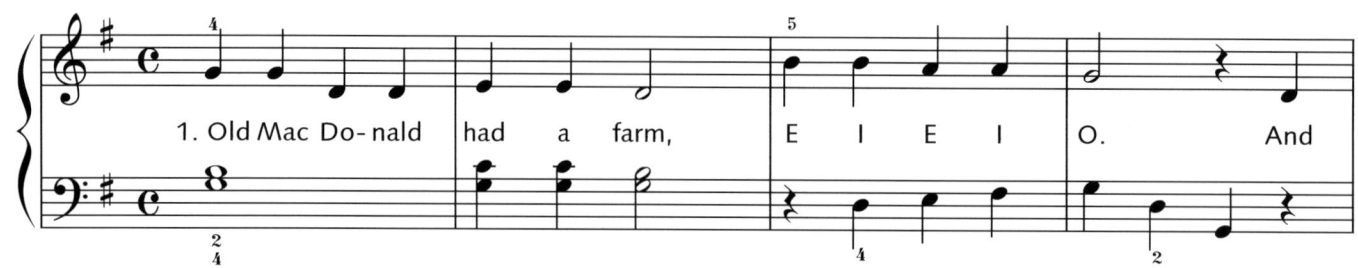

1. Old Mac Do-nald had a farm, E I E I O. And

on his farm he had some cows, E I E I O. With a

moo-moo here and a moo-moo-there. Here a moo, there a moo, eve-ry-where a moo-moo.

Old Mac Do-nald had a farm. E I E I O.

2.

Old Mac Donald had a farm, E I E I 0
And on his farm he had a pig, E I E I 0.
With an oink oink here and an oink oink there.
Here an oink, there an oink, everywhere an oink oink.
Old Mac Donald had a farm, E I E I 0.

3.

Old Mac Donald had a farm, E I E I 0.
And on his farm he had some dogs, E I E I 0.
With a bark-bark here and a bark-bark there.
Here a bark, there a bark, everywhere a bark-bark.
Old Mac Donald had a farm, E I E I 0.

4.

Old Mac Donald had a farm, E I E I 0.
And on his farm he had some chicks, E I E I 0.
With a chick-chick here and a chick-chick there.
Here a chick, there a chick, everywhere a chick-chick.
Old Mac Donald had a farm, E I E I 0.

5.

Old Mac Donald had a farm, E I E I 0.
And on his farm he had some ducks, E I E I 0.
With a quack-quack here and a quack-quack there.
Here a quack, there a quack, everywhere a quack-quack.
Old Mac Donald had a farm, E I E I 0.

What Shall We Do

Shanty aus England

2. Sling him in the long boat till he's sober (3x)
Refrain: Hurray ...
3. Pull out the plug and wet him all over
4. Take 'im and shake 'im, try an' wake 'im
5. Give 'im a taste of the bosun's rope-end
6. Give 'im a dose of salt and water
7. Stick on 'is back a mustard plaster

8. Shave his belly with a rusty razor
9. Send him up the crow's nest till he falls down
10. That's what we'll do with the drunken sailor

Dieses englische Seemannslied wurde gesungen, während man die Segel setzte. Da diese Arbeit oft länger dauerte, wurden im Lauf der Zeit hunderte von neuen Strophen erfunden. In der ersten Strophe wird die Frage gestellt, was man frühmorgens mit einem betrunkenen Seemann anstellen soll, in den folgenden Strophen werden dann viele, meist nicht ganz ernst gemeinte Vorschläge gemacht, das Problem zu lösen. In der letzten Strophe heißt es dann schließlich: Das (alles) werden wir mit ihm machen. Das Wort „early" muss wie „earl-eye" (öhrlai) gesungen werden.

Shalom chaverim

Israelisches Volkslied

Textübersetzung: Friede sei mit Euch, Freunde! Auf Wiedersehen!

Üsküdara gideriken

Türkisches Volkslied

2.
Üsküdara gideriken bir mendil buldum,
Kätibimi arariken yanimda buldum.
Mendilini cerisine lokum doldurdum.
Mendilini cerisine lokum doldurdum.
Kätip benim ben kätibin el ne karisir?
Kätibime setre de pantol ne güzel yarasir!

In diesem türkischen Lied sucht eine Frau
ihren geliebten Sekretär in Üsküdar,
einem Stadtteil der großen Stadt Istanbul.

Bella Bimba

Italienisches Volkslied

© 2009 Schott Music GmbH & Co. KG, Mainz

D.C. al Fine

2.
Dansa al mation, dans alla sera,
sempre legera, sembra volar.

Hier geht es um ein schönes Mädchen, das gut tanzen kann
und von allen bewundert wird.

La Cucaracha

Mexikanisches Volkslied

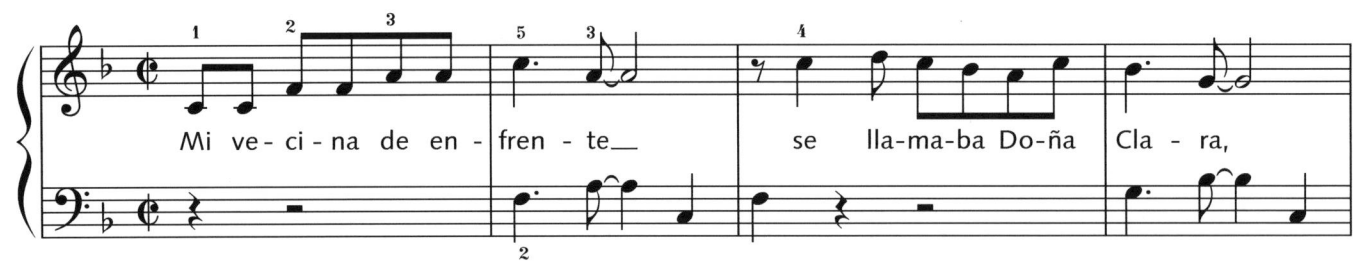

Mi ve-ci-na de en- fren-te___ se lla-ma-ba Do-ña Cla - ra,

y si non hu-bie-ra muer-to, a - sí se lla-ma-rí - a.___ La cu-ca-

-ra-cha, la cu-ca-ra-cha, ya no pue-de ca-mi-nar, por-que no

tie - ne,___ por-que le fal-ta___ li - mo-na-da que to - mar.

La Cucaracha ist ein altes mexikanisches Volkslied, von dem es unzählige Textfassungen gibt.
In unserer Fassung geht es in der ersten Hälfte um eine Nachbarin, die Doña Clara heißt,
und wenn sie nicht gestorben ist, dann heißt sie heute noch so. Die zweite Hälfte handelt von
einer Küchenschabe, die nicht mehr gehen kann, weil sie keine Limonade zum Trinken hat.

Go Down Moses

Spiritual

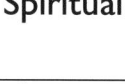

(Sheet music)

1. When Is - rael was in E-gypt's land, let my peop-le go!___ Op-
-pressed so hard they could not stand, let my peop-le go!___
Go down,___ Mo-ses,___ way down in E - gypt's land,___
tell old___ Pha - raoh:___ let my peop-le go!

2.
Thus spoke the Lord, bold Moses said, let ...
if not, I'll smite your firstborn dead. Let ...

3.
No more shall they in bondage toil, let ...
Let them come out with Egypt's spoil, let ...

4.
The Lord told Moses what to do, let ...
To lead the Hebrew children through, let ...

Spirituals sind geistliche Gesänge, die unter den schwarzen Sklaven in Amerika entstanden. Oft handeln die Texte von Geschichten aus dem Alten Testament, die den leidvollen Erfahrungen der Sklaven sehr ähnlich waren. In diesem Lied soll Moses zum „Alten Pharao" gehen, um ihm zu sagen, dass er das Israelische Volk freilassen soll.

Oh When the Saints Go Marching In

Spiritual

O when the saints go mar-ching in, o when the

saints go mar - ching in, o Lord I want to

be in that num-ber, when the saints go mar - ching in.

Dieses Spiritual sagt, frei übersetzt:
„Herr, lass mich dabei sein, wenn die Heiligen einmarschieren."